AF227735

LIBERTÉ

DE

LA PRESSE

PAR

FOBLANT

Ancien représentant à l'Assemblée législative

PRIX : 1 FRANC

PARIS

E. DENTU, LIBRAIRE - ÉDITEUR

Galerie d'Orléans, 17 et 19. Palais-Royal

1867

LIBERTÉ

DE

LA PRESSE

LIBERTÉ

DE

LA PRESSE

PAR

FOBLANT

ANCIEN REPRÉSENTANT A L'ASSEMBLÉE LÉGISLATIVE

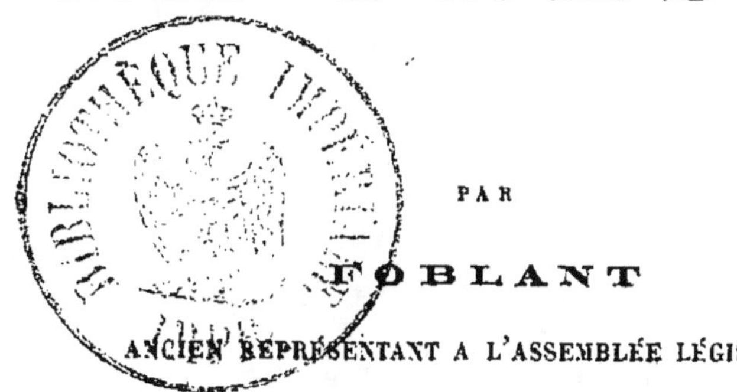

Prix : UN Franc

PARIS

DENTU, Éditeur, galerie d'Orléans, 17 et 19

PALAIS-ROYAL

1867

IMPERIAL
TIMBRE
IMPERIAL.
TIMBRE

sous les yeux du public un plan de réformes qui, en 1863, semblait n'avoir d'autre mérite que celui d'être un programme d'opposition, mais qui, si les promesses du 19 janvier dernier sont destinées à avoir une suite, deviendrait forcément, et bientôt, un programme de gouvernement.

Il y a, ce nous semble, rien que dans ce fait, une leçon qui rend notre publication opportune, leçon que, pour notre part, nous n'avons la prétention d'infliger à personne, mais que feront bien de se donner à eux-mêmes ceux qui, dans les circonstances actuelles, auraient encore besoin de la recevoir.

Nancy, mars 1867.

LIBERTÉ DE LA PRESSE

Aucun des gouvernements que nous avons vus naître et tomber depuis le commencement de ce siècle ne nous a donné la pleine liberté de la presse. Sous tous cependant, — les deux Empires exceptés, — la presse a, par instants du moins, poussé ses prétentions et même ses pratiques jusqu'à la licence.

Il y a là un fait évident, indéniable, et qu'opposent à ceux qui, comme nous, souhaitent que la presse devienne libre, ceux qui désirent qu'elle ne le soit pas. Puisque vous reconnaissez, nous disent ces derniers, que, même aux époques où elle n'eut point la liberté, la presse a commis des excès, que sera-ce si le gouvernement a l'imprudence de l'affranchir ?

Cet argument paraît sans réplique, mais il n'a qu'une force apparente ; il n'atteint que les esprits superficiels, prompts à se méprendre sur le sens des mots, et par suite sur l'essence des choses. C'est une idée fort répandue, mais une idée dénuée de fondement, que la licence est un produit, un corollaire, une sorte de prolongement de la liberté, et que, par une pente toute naturelle, celle-ci conduit à celle-là. S'il est vrai qu'il puisse en être exceptionnellement ainsi dans des jours de crise, cela n'a pas lieu dans l'état normal des rapports de peuples à gouvernements.

Loin de se toucher, comme on le croit, la liberté et la licence sont aux antipodes l'une de l'autre : elles ne s'engendrent pas, elles s'entre-détruisent partout où elles se rencontrent. C'est le despotisme et l'anarchie qui ont entre eux des points de contact et se reproduisent perpétuellement par une filiation à la fois naturelle et légitime. Sauf exceptions, il est de règle que, lorsqu'un désordre surgit, c'est qu'il y avait là, de date ancienne ou récente, un droit violé ou méconnu. La liberté n'étant autre chose que la faculté laissée à chacun d'exercer son droit, il en résulte que, si la liberté était sérieusement garantie partout, l'insurrection ne serait durable nulle part : on verrait encore çà et là des révoltes partielles et éphémères ; on ne verrait plus de révolutions en permanence. Qu'il y ait, dans la vie des peuples comme dans celle des individus, des jours de crise pendant lesquels la prudence exige qu'on se mette au régime, c'est ce que nous ne songeons point à nier : la diète n'est, pour cela, l'état normal ni des hommes ni des sociétés. Auxiliaire de la vérité, dont elle seule peut rendre la possession vraiment sérieuse et méritoire, la liberté est le pain qui fait les nations vigoureuses. Elle est en outre politiquement, sous un gouvernement bien assis, le meilleur appui de l'autorité : pour aider celle-ci à maintenir les peuples, elle est plus forte que la force elle-même, et cela par la raison toute simple que la liberté est un principe, tandis que la force n'est qu'un expédient. Tant qu'on n'en sera pas venu à comprendre ces vérités essentielles et à agir en conséquence, il n'y aura rien de fait pour la solution du problème posé en 1789, problème ardu et cependant soluble, qui, après nous avoir abreuvés de déceptions et d'amertume, tient encore le présent en échec et l'avenir en suspens.

Nous n'avons pas, cela va sans dire, à rappeler ici ce que l'Ancien Régime a fait pour la presse : il n'eut jamais la prétention de l'affranchir. A défaut même d'institutions politiques contraires alors à la liberté d'écrire, la crainte seule des attaques contre la religion de l'État eût suffi pour empêcher d'émanciper civilement la pensée en ces temps d'étroite union des deux pouvoirs, union qui a cependant abouti aux Encyclopédistes et produit Voltaire. C'est à peine d'être « pendu et étranglé » que, par ordonnance du seizième siècle, il est fait défense à tout sujet de rien publier sans la permission du Roi.

La liberté de « parler, écrire, imprimer, » sauf à répondre de l'abus qu'on en peut faire, et cela « dans les cas déterminés par la loi, » se trouve inscrite.

pour la première fois, dans la déclaration des Droits de 1789 (1). La Constitution de 1791 confirme cette liberté, et déclare que les écrits ne pourront « être soumis à aucune censure ni inspection avant leur publication. » La Convention nationale maintient le principe ; elle l'étend même en ce sens que, suivant elle, la libre manifestation de la pensée ne peut jamais « être interdite, suspendue ni limitée. » Il convient d'ajouter qu'en matière de presse, comme en bien d'autres, la Convention s'attribue un droit de répression excessif : si elle n'étrangle plus, elle guillotine et punit de mort « quiconque sera convaincu d'avoir composé ou imprimé des ouvrages ou écrits provoquant le rétablissement de la royauté. » En 1795, la Constitution dite de l'an III proclame encore que « les écrits ne peuvent être soumis à aucune censure avant leur publication. » Mais déjà la Constitution consulaire de l'an VIII (10 novembre 1799) ne fait plus mention de la liberté de la presse, que rétablit, mais en apparence seulement, la Constitution impériale de l'an XII (18 mai 1804), laquelle institue,

---

(1) Comme il s'est accrédité de nos jours, et cela surtout depuis le *Syllabus*, que la liberté de la presse est condamnée par l'Eglise, il n'est pas hors de propos de rappeler ici que cette liberté se trouvait consignée dans la plupart des cahiers du clergé, de même que dans ceux des deux autres ordres. S'il faut reconnaître que, dans quelques-unes de ses assemblées électorales, le clergé s'était prononcé pour le maintien de la censure, dans le plus grand nombre, il avait demandé que la presse fût rendue libre, et qu'on se contentât d'en réprimer les abus.

pour veiller à ce que cette liberté soit maintenue, une commission de sept membres prise dans le sein du Sénat et nommée par lui. Cette commission n'a jamais fonctionné, et tout le monde sait ce qu'est devenue sous le premier Empire la liberté de la presse, formellement abolie d'ailleurs par le décret du 5 février 1810. Bien que la Charte de 1814 reconnaisse aux Français « le droit de publier et de faire imprimer leurs opinions en se conformant aux lois, » la loi du 21 octobre de la même année maintient provisoirement la censure. C'est seulement en 1817 que celle-ci est partiellement abolie, et en 1819 que les journaux sont admis à jouir d'un sérieux régime de liberté. C'est le beau temps ; mais il ne dure pas. Détestables, même quand ils avortent, les attentats à la vie des princes ont trop souvent pour conséquence immédiate de faire voter d'entrain certaines lois, dites de sûreté générale, où l'ordre établi croit trouver son compte, où la liberté ne trouve jamais le sien. L'assassinat du duc de Berry remet, dès 1820, les journalistes en tutelle ; la loi de 1821 les y maintient, et depuis lors jusqu'aux funestes ordonnances de Juillet, la presse vit chez nous d'alternatives qui aboutissent à une révolution. La Charte de 1830 en sort : elle porte que « la censure ne pourra jamais être rétablie, » et il est de fait qu'elle ne le fut jamais officiellement depuis lors. Mais si les gouvernements de 1830 et de 1848 sont, de ce siècle, ceux sous lesquels la presse a le plus longtemps joui de la plus grande somme de liberté, les lois dites de septembre (1835), sous le premier de ces deux gouvernements ; sous le second, la loi de 1850, qui, entre autres mesures restrictives, a inventé l'obligation de la signature pour les articles de journaux ; sous tous deux le maintien de la législation relative à la profession d'imprimeur, prouvent que, même de 1830 à 1852, la liberté ne fut pas toujours suffisamment comprise et pratiquée.

Elle l'aura été moins que jamais sous l'empire du décret organique du 17 février 1852, décret qui nous régit encore. C'est à lui, en effet, que nous devons, outre l'autorisation préalable, le régime des avertissements administratifs, des suspensions, des suppressions de journaux, comme aussi les mille entraves dont ces journaux sont entourés lorsque, par décès ou autrement, il survient quelque vacance dans le personnel de leurs gérants, rédacteurs en chef, propriétaires ou administrateurs, toutes classes de gens qui, pas plus que les autres, ne sont malheureusement à l'abri d'un changement d'idées, de la maladie ou de la mort. Qu'il soit ou non partisan du maintien du décret de février 1852, tout homme de bonne foi reconnaîtra que, depuis l'abolition nominale de la censure, aucune législation n'a, plus que celle du temps présent, fait aux écrivains petit rôle et petite mesure.

Cette législation, nous demandons qu'on la change : nous ne demandons point pour cela qu'on abolisse les lois sur la presse, notre doctrine n'étant pas celle de la liberté illimitée. Si vives que soient nos ardeurs libérales, nous n'allons point jusqu'à éprouver l'envie de plaider la thèse de l'impunité absolue des écrivains ; jusqu'à vouloir revendiquer ce droit de tout dire, qui, une fois admis, nous exposerait au droit de tout faire. La liberté illimitée n'est pas plus dans nos prétentions que la liberté mutilée n'est dans nos goûts : ou plutôt chaque fois qu'on se sert de l'une ou de l'autre de ces deux locutions, on dit un non-sens, on parle d'une chose contre nature et qui n'existe pas. Priver la liberté d'un de ses organes essentiels, et lui dire de fonctionner, c'est dérisoire ; il ne l'est pas moins de vouloir, sous prétexte de la compléter, la gratifier d'un membre ou d'un sens qui ne sont pas les siens. Aux yeux de ceux qui la connaissent bien, la liberté apparaît, de prime vue, avec des contours aussi définis que ceux d'un être corporel, d'un être vivant et agissant. Ceux-là savent qu'elle ne peut subsister qu'à la condition d'être elle-même, c'est-à-dire pourvue de tout ce qui constitue son organisme, rien de plus, rien de moins. Or, s'il est vrai de dire, comme cela se répète souvent, que la liberté de chacun de nous a pour limite le droit du voisin, ce droit n'est pas seulement la limite, il est l'essence même de la liberté prise dans son acception philosophique et générale. La liberté, ainsi entendue, c'est le droit de chaque homme, c'est votre domaine autant que le mien : d'où il résulte qu'il n'y a point de liberté illimitée.

D'un autre côté, nous n'avons pas foi dans cette liberté qu'on appelle réglée, et qui n'est la plupart du temps qu'une liberté escamotée. C'est donc à la recherche de la liberté toute simple, sans épithète, sans exagération comme sans réticence, que doivent se mettre les vrais libéraux. Qu'elle paraisse et cela suffit : à son seul nom la reconnaissent et s'inclinent ceux qui, comme nous, n'aspirent à d'autre rôle qu'à celui d'être ses serviteurs. Jaloux surtout de la posséder, nous ne prétendons pas cependant nous dispenser du soin de la définir, de rechercher en quoi elle consiste et à l'aide de quels moyens nous pourrions, non pas seulement l'acquérir, mais, chose plus difficile, la garder.

Le premier devoir, en ceci comme en tout, serait d'y mettre une entière bonne foi, et c'est ce qui manque. Cela manque habituellement des deux côtés, de la part des gouvernés comme de celle des gouvernants. Presque tous les peuples aujourd'hui demandent la liberté. Suffrage universel à part, quels sont, au fond, ceux qui la comprennent bien et qui l'aiment dans ce qu'elle a de noble et de grand; ceux dont la liberté soit le vrai but, au lieu d'être simplement un mot dans la bouche des intrigants, un drapeau dans la main des factieux? De leur côté, presque tous les gouvernements en sont venus, de nos jours, à louer la liberté : tous, ou presque tous, la promettent. Quels sont, à de très-rares exceptions près, ceux qui la donnent? Tant qu'il est simplement question de discourir sur la liberté, on recommence chez nous à tomber d'accord plus aisément qu'on ne le faisait à la veille ou au lendemain du 2 décembre. Mais s'agit-il de sortir du vague de la théorie et de passer à la pratique, c'est ici que la lutte renaît. Cette lutte, qui est de tous les temps, n'a pas toujours même caractère. Quelquefois elle est franche, ouverte, accusée : c'est la situation violente, exceptionnelle, qui suit les coups d'Etat et qui ne dure pas; c'est le règne de la dictature, où tout le monde se tait, et sous lequel, refoulée qu'elle est par la force, la voix cesse de réclamer alors même que le cœur n'acclame pas. Plus fréquent est cet autre état de choses où, si étendus qu'aient été les pouvoirs exceptionnels dont l'assentiment du grand nombre l'a armé dans les jours de crise, un gouvernement se retrouve en face d'une nation qui aspire à redevenir maîtresse d'elle-même; qui, sortie de crise ou de peur, reprend ses sens et redemande ses droits. Dans cette situation, il arrive souvent, et c'est un tort, que le Pouvoir promet plus qu'il ne tient. Tandis qu'il pourrait retarder encore la promesse et les espérances, il croit, en articulant celle-là, en encourageant celles-ci, faire mieux attendre la réalisation; au lieu de dire franchement à tous que, dans son opinion, l'heure de la liberté n'a point encore sonné, il dit que la liberté règne; et, pour qu'on y croie, tantôt il peint la liberté sous des couleurs qui ne sont pas les siennes, tantôt il s'efforce de donner les traits de la liberté à celles de ses entreprises et de ses lois qui n'ont avec elle nulle ressemblance et nul rapport. Ni l'un ni l'autre de ces expédients ne vaut : en matière de presse notamment, ils n'ont jamais réussi à personne.

Pourvu cependant que, de part et d'autre, on veuille y apporter cette sincérité que nous réclamons comme la condition première des bons rapports entre le gouvernement et la nation, rien n'est simple à faire comme une loi sur la presse. Il y a des gens qui parlent sans cesse d'organiser la liberté et qui se perdent à chercher les moyens de le faire. Ils oublient que la liberté ne s'organise pas ; elle se proclame, et cela suffit. Ainsi, pour ce qui regarde la presse, une loi vraiment libérale ne doit se composer que d'un article unique, ainsi conçu : « Tout Français a le droit de publier ses opinions, sauf à en répondre ; » ou, si l'on aime mieux : « la presse est libre ; les délits de la presse ne sont autres que les délits de droit commun, prévus et punis par la loi. »

Voilà, d'un trait de plume, toute mesure préventive écartée ; voilà le règne de la liberté établi. Ce qui n'empêche pas que, la presse pouvant devenir un instrument de délits, il y a des mesures à prendre pour organiser la répression. Il y a à faire une loi spéciale, dont le titre premier exigera certaines garanties nécessaires pour assurer la punition des actes délictueux ; dont le second fixera la peine afférente à chaque délit ; dont le troisième établira la juridiction. Ceci demande à être développé.

I

La liberté de la presse, dit Blackstone, consiste à
ne pas mettre de restriction antérieure aux publications, et non à les exempter de poursuites criminelles
quand la publication a eu lieu. C'est la même idée
que fit prévaloir Mirabeau, lorsque l'Assemblée constituante se perdant dans une discussion sans issue
sur les « restrictions » à apporter à la liberté de la
presse, la parole nette et précise du grand orateur la
ramena aux vrais principes : la liberté de la presse,
dit-il, « ne doit pas être *restreinte ;* les délits commis
par la voie de la presse doivent être *réprimés.* »

Ni les révolutions qui s'opèrent, ni les constitutions
qui passent, ne changent rien à cette doctrine. Elle
a son principe et sa base, elle trouve sa force et sa
durée dans la nature même des choses, contre laquelle ne peuvent ni les sophismes, ni le temps. Elle
donne pleine satisfaction aux esprits qui tiennent à la
liberté de la presse comme à un bienfait, en même
temps qu'elle offre des garanties suffisantes à ceux

qui redoutent la licence de la presse comme un fléau. Point de mesures préventives, d'aucune sorte : voilà la première, sinon la seule condition pour que la presse soit vraiment libre; mesures répressives efficaces, sévères s'il le faut, mais non arbitraires, toujours proportionnées aux circonstances et à la gravité des délits : voilà le vrai moyen d'obtenir que, tout en restant libre, la presse ne devienne point licencieuse.

C'est si simple qu'on s'étonne que cela ne soit point universellement admis, et qu'il faille, trop souvent en pure perte, passer son temps à expliquer encore aux petits-fils de nos pères ce que, de prime abord, leurs aïeux avaient proclamé. Entre le système de la prévention, qui, de quelque nom qu'il se couvre, méritera toujours de s'appeler la censure et le système de la répression, qui, en punissant les coupables, n'atteint pas la liberté, mais au contraire la garantit, il y a un choix à faire. Le nôtre est fait. De ce que nos préférences sont acquises à cette seconde combinaison, il ne résulte point que nous contestions à ceux qui se soucient de la première la faculté de se déclarer pour elle : c'est un droit que, dans notre libéralisme, nous allons jusqu'à leur laisser. Seulement, qu'ils cessent de se dire libéraux. Ce que nous ne pouvons comprendre, c'est l'entêtement que l'on met à vouloir combiner deux éléments réfractaires l'un à l'autre ; c'est l'aveuglement avec lequel on poursuit une espèce de mariage de raison entre la liberté et la censure. Censure patente ou déguisée, peu importe; si cette alliance pouvait se conclure, elle serait adùltère. Jamais on ne nous fera accepter comme libérale, comme conforme à ce qu'on est convenu d'appeler les principes de 1789, une législation où il pourra dépendre d'un gouvernement quelconque d'empêcher un citoyen d'écrire, à ses risques et périls, et sauf à en répondre devant la justice, tout ce que bon lui semblera. Ce que nous avons dit déjà, et ce que nous dirons tout à l'heure à propos de la répression, nous dispense d'ajouter ici que nous ne demandons point, pour cela, qu'on laisse circuler librement, sous prétexte qu'elles sont impuissantes, toutes les idées folles ou criminelles qūi viendraient à s'étaler en public au sortir d'un cerveau malade. Que, sous la responsabilité de leur auteur, ces idées puissent voir le jour, il le faut si l'on veut que la liberté existe. Qu'elles soient punies si elles sont coupables, et cela suffit pour que, la morale et la loi obtenant réparation sur l'heure, la société ne coure point de risques.

Nous parlons de risques graves; quant à de légers dommages, elle y restera exposée, c'est certain : nous n'essayerons pas de le nier. Mais c'est le destin inévitable de quiconque affronte la liberté, destin dont l'absolutisme, si complet d'ailleurs qu'on le suppose, n'a jamais préservé les peuples. Ce n'est pas d'hier qu'à la vue des inconvénients de la parole libre, mis en regard des abaissements qui suivent toujours la parole opprimée, l'homme a cherché entre l'asservissement absolu et l'indépendance complète des actes de son intelligence, des manifestations de sa pensée, une position intermédiaire, dont Tocqueville lui-même, ce grand libéral, déclare qu'il se contenterait, si ce moyen terme pouvait exister. Mais, puisqu'il renonce à le découvrir, faisons comme lui, et acceptons résolûment les petits maux que la liberté traîne parfois à sa suite, en vue de nous assurer les grands biens qu'elle procure toujours. A ceux qui ne veulent pas que la presse soit libre parce qu'il en peut résulter des abus, répondons qu'il y avait un moyen simple et facile — le seul bon — de supprimer dans le monde tous les abus : c'était de refuser à l'homme la liberté. Dieu n'a pas pris ce moyen-là. Hommes nous-mêmes, c'est-à-dire êtres faibles et faillibles, oserons-nous essayer d'être plus sages et plus puissants que lui ?

Ainsi donc, il faut admettre que l'Etat surveille, avant même qu'elle se soit produite, la pensée de chacun de nous et qu'il en empêche l'expression, c'est-à-dire qu'il faut glorifier le régime de la censure ; ou bien il faut laisser à chacun le droit de parler et d'écrire, sauf à ce qu'il paye l'amende ou aille en prison, si, en parlant ou en écrivant, il a commis quelque délit.

Mais quels seront les délits de la presse ? Voici la première difficulté devant laquelle reculent à tort plusieurs de ceux qui passeraient volontiers du système de la prévention à celui de la répression, s'ils avaient la double assurance : 1° qu'à l'aide d'une bonne définition, tout délit de presse sera prévu ; 2° qu'à l'aide d'une bonne juridiction, tout délit de presse sera puni. Essayons de leur donner satisfaction sur ces deux points.

C'est une vérité devenue banale, tant elle a été redite souvent dans les livres, dans les journaux, à la

tribune et partout, que, si affranchie qu'on la suppose, la presse ne saurait, sous un gouvernement libéral, constituer par elle-même un corps de délit. Dès
lors, il n'y a point, à proprement parler, de délits
spéciaux à la presse : il doit seulement y avoir, pour
la presse, s'il lui arrive d'encourager un crime, et par
là de l'aider à se produire, une pénalité, non à coup
sûr égale, mais proportionnée à celle que le Code pénal
inflige à l'auteur de ce même crime. Tuer, voler, cons-
pirer, attenter aux mœurs ou aux lois, sont choses
déclarées coupables et punissables chez toute nation
civilisée : prêcher par écrits le meurtre, le vol, la ré-
volte, l'immoralité ou la désobéissance aux lois, tels
sont les délits naturels de la presse. L'outrage et la
diffamation y seront compris, puisque ce sont là aussi
des délits prévus par le Code, et qui, si la presse en
est l'instrument le plus habituel et le plus redoutable,
ne lui appartiennent pas non plus en propre, car on
peut outrager et diffamer en parlant comme en écrivant. On s'égare dans un labyrinthe de difficultés
et d'inconséquences toutes les fois qu'on cherche
à créer une classe de délits particuliers à la
presse, et cela parce qu'en le faisant on s'attaque à la logique elle - même. Partout où la
presse est déclarée libre, les délits de la presse ne
sauraient être autres que les délits de droit commun, prêchés par un livre ou par un journal. Voilà
ce qu'il importe de bien comprendre. Tel acte déclaré
coupable par la loi peut, par une autre loi, cesser de
l'être ; et de même, tel acte qui aujourd'hui n'est pas
délictueux peut, si la loi change, le devenir demain.

Soit que la loi crée ou abolisse un délit, il n'y aura point pour cela à modifier perpétuellement la loi de la presse : celle-ci devra rester la même au fond.. Il y aura seulement, si un délit est aboli, à laisser tomber, pour les écrivains comme pour tout le monde, la disposition pénale ; de même que si un délit nouveau est créé, il n'y aura, en ce qui concerne la presse, rien d'autre à faire que de fixer le châtiment réservé à l'écrivain qui aura eu l'imprudence ou le tort d'exciter à le commettre. Rendons ceci encore plus clair par des exemples.

Qu'un homme prête aujourd'hui, en France, à un taux supérieur à 5 pour 100 ; ou bien que des ouvriers s'entendent pour faire hausser leurs salaires, il y aura dans le premier cas délit d'usure, dans le second délit de coalition. Ces deux délits sont actuellement prévus et punis par la loi française. Dès lors, il est naturel, il est logique que l'écrivain qui aura publiquement excité soit le prêteur soit l'ouvrier à se mettre au-dessus de la loi encoure lui-même une punition. Mais que la loi sur l'usure ou sur les coalitions soit rapportée, comme il est permis d'espérer qu'elles le seront toutes deux un jour (1), le délit de presse tombe et disparaît avec le délit spécial, et, sur chacun de ces deux chapitres, l'écrivain redevient libre de sa plume en même temps que l'ouvrier le redevient de ses bras et le prêteur de son argent.

(1) Rappelons que ceci a été écrit en 1863. Depuis lors, la prévision s'est réalisée en partie pour ce qui concerne le délit de coalition.

Prenons l'exemple inverse, celui d'un délit nouveau créé par la loi, et supposons que, par un fâcheux retour au régime des religions d'Etat, une religion soit demain déclarée en France la seule bonne, la seule vraie, la seule admise. Dans cette hypothèse, il sera regrettable, il pourra même être odieux, mais il sera légal, c'est-à-dire conforme à la loi, qu'on frappe de peines correctionnelles l'écrivain qui, contestant la vérité de la religion du prince, aura exhorté les citoyens à rompre avec le culte établi. C'est ce qui arrive malheureusement encore soit dans l'Espagne catholique, soit dans la Russie schismatique, où ceux qui, comme nous, désirent que la liberté fasse partout son chemin, feront bien de demander, non pas qu'on change la loi sur la presse, ce qui serait à la fois insuffisant et anormal, mais qu'on change la constitution.

Il n'est pas, on le voit, aussi difficile qu'on se le persuade de déterminer quels seront les délits de la presse, et même rien n'est si simple à faire, car c'est fait partout. Ces délits ne seront autres que les délits ordinaires, transportés du terrain de l'action sur celui de la prédication par écrit, et passibles comme tels de peines dont l'échelle elle-même est facile à dresser, puisque cette échelle ne sera, pour chaque nation, qu'une reproduction en raccourci des dispositions du Code pénal en vigueur chez chacune d'elles. Les travaux forcés, en certaines circonstances, dans d'autres la prison pour celui qui a commis un crime; dans le premier cas la prison, dans le second cas l'amende pour celui qui, par la voie de la presse, aura conseillé ce même crime.

Mais, pour rassurer ceux qu'effraye à tort le seul mot de liberté de la presse, il ne suffit pas que les délits soient nettement déterminés, il faut qu'ils soient sûrement punis. Si la répression est arbitraire ; si elle est confiée à des juges qu'à tort ou à raison la conscience publique ne considère pas comme pleinement indépendants et désintéressés, la liberté de la presse se trouve atteinte dans une de ses garanties essentielles. Si, d'un autre côté, la répression est molle ; si l'impéritie ou la faiblesse du juge acquitte lorsqu'il faudrait condamner, dans ce cas, non-seulement la société risque de recevoir une atteinte, mais la liberté de la presse elle-même souffrira d'une impunité qui, toujours, donnera des armes aux plus sincères comme aux plus déloyaux de ses ennemis.

Ce n'est donc pas sans raison qu'on attache une haute importance à bien choisir le juge qui sera appelé à connaître des délits de presse. La plupart des législations, même libérales, admettent la compétence des tribunaux ordinaires toutes les fois qu'il s'agit simplement d'une poursuite en réparation de dommage causé par un écrit diffamatoire ou injurieux à la réputation d'un simple particulier. Dans ce cas spécial, aucune considération politique ne pouvant influencer l'esprit du juge, il n'y a point de raison grave pour décliner la juridiction du tribunal correctionnel. Mais si l'article incriminé a trait à un fonctionnaire public pour faits relatifs à ses fonctions ; ou bien s'il s'agit d'une attaque aux lois ou au gouvernement, c'est ici qu'il y a importance à dégager les vrais principes et à bien choisir le juge.

Nous ne nous arrêterons pas à examiner si ce juge peut appartenir au corps administratif. L'Autriche elle-même n'admet plus qu'il en soit ainsi, elle qui a, dans son nouveau Code sur la presse, substitué partout l'action de la magistrature à celle de l'administration, et à laquelle revient l'honneur d'avoir, pour mieux garantir la liberté de l'écrivain, inventé une pénalité toute nouvelle, en vertu de laquelle l'Etat paye l'amende, au cas de saisie non motivée, et opérée à la légère, d'un écrit que les tribunaux déclareraient innocent. Dans les pays où elle est libre, la presse est appelée à contrôler tout le monde ; mais de tous ceux qu'elle surveille, il n'est personne à l'égard de qui elle ait besoin de garder une dose d'indépendance plus complète qu'envers l'administration. Qu'un citoyen qui a malversé échappe non-seulement aux rigueurs de la loi, qui ne peut tout atteindre, mais au fouet vengeur de l'opinion, c'est assurément un mal : mais ce mal devient une calamité toutes les fois que, dépositaire à un degré quelconque de la force publique, le coupable peut, pour se mettre à l'abri, compter sur l'autorité qu'il exerce. De tous les dangers sociaux, il n'en est pas de plus grand que celui de l'impunité garantie par la puissance. Nous n'admettrons donc jamais qu'il puisse être bon de confier aux premiers justiciables de la presse la surveillance de la presse. Le devoir quotidien de celle-ci étant d'exercer son contrôle sur les actes des agents du pouvoir, remettre aux agents du pouvoir le droit d'avertir, de suspendre, de supprimer un journal qui aura critiqué leur administration, c'est annuler le contrôle ; c'est placer les écrivains dans cette alternative, qui, lorsqu'elle se prolonge, fait le supplice des honnêtes gens, celle d'avoir perpétuellement à opter entre leur intérêt et leur devoir. Si l'intérêt conseille de se taire, alors que le devoir ordonnerait de parler, est-on sûr que tout le monde parlera ? C'est fort douteux ; mais, quoi qu'il advienne, il ne sera jamais dit que la liberté de la presse existe dans un pays où il dépendra d'un agent quelconque du pouvoir exécutif, si haut placé qu'il soit dans la hiérarchie, d'en finir par un arrêté avec un journal qui le gêne. Que sera-ce si cet arrêté est indiscutable et sans appel ?

Il faut à l'écrivain d'autres garanties si l'on veut sérieusement qu'à ses risques et périls sa plume exprime librement sa pensée. Déférer les délits de la presse à la magistrature inamovible, ne jugeant qu'après débats et avec publicité, serait, suivant nous, un progrès (1) : mais cela même ne suffirait pas. D'abord la magistrature repousse ce fardeau dès qu'on parle de le lui imposer, et elle a raison de le faire dans l'intérêt de son autorité. Pour que celle-ci reste intacte, et nous sommes tous intéressés à ce qu'elle le soit, il

(1) A cet égard, les avis diffèrent. Un écrivain qui, par le talent non moins que par le caractère, mérite considération, M. Edouard Hervé, a, dans un remarquable article de la *Revue contemporaine* (février 1866), soutenu l'opinion contraire. Sans être partisan de la juridiction administrative, M. Edouard Hervé la préfère encore à la police correctionnelle, et cela par la raison, dit-il, que la première relève de l'opinion, tandis que la seconde lui échappe.

faut à la magistrature une jurisprudence qui, sans être précisément immuable, ne se modifie que rarement, et autant que possible ne le fasse qu'ensuite des changements introduits dans la loi elle-même. Or, en matière de presse, tout est mobile ; et, si bien déterminés que puissent être les délits d'après les principes que nous avons indiqués tout à l'heure, l'opinion publique sera toujours, en cette matière, la régulatrice suprême des arrêts. L'opinion a le droit de changer ; elle peut fort bien, sans qu'il en résulte aucun dommage pour la nation, trouver innocent aujourd'hui, en pleine paix sociale, un écrit qu'hier elle aurait jugé coupable, dans un moment d'effervescence populaire : c'est là son droit, c'est même son devoir. Le devoir du magistrat est tout autre : il ne connaît, lui, que la loi ; il l'applique, et sa considération souffrirait si, la loi restant la même et les circonstances seules ayant changé, il se trouvait exposé tour à tour à condamner et à acquitter un même écrit. Cela réagirait en mal jusques sur les causes civiles : voyant varier la justice, le plaideur pour mur mitoyen cesserait lui-même de croire son droit garanti.

Voilà donc un premier motif pour lequel l'intérêt public déconseille de confier à la magistrature la répression des délits de presse. Mais il y en a un autre qu'on peut assurément invoquer, sans mériter d'encourir pour cela le reproche de déconsidérer les magistrats. Ceux-ci ont sans doute, pour juger librement, une condition que n'ont point les agents administratifs : ils sont inamovibles. C'est quelque chose ; mais ce n'est pas tout. Si l'inamovibilité du juge facilite son indépendance, il s'en faut qu'elle suffise toujours à la garantir. C'est un malheur, mais c'est un fait, et ce fait est antérieur au régime actuel, que le magistrat, qui ne devrait être que l'homme de la loi, passe, aux regards du public, quelquefois même à ses propres yeux, pour être, en France, l'homme du gouvernement. Il suffit qu'il émarge au budget pour qu'on le regarde comme fonctionnaire : il a cela de commun avec le prêtre lui-même, et sans doute le vulgaire croit faire honneur à tous deux en les considérant comme tels. Pour la plupart de nos concitoyens, être juge ressemble beaucoup à être sous-préfet : il n'y a, de l'un à l'autre, que la différence des attributions et du costume. De là, une seconde raison pour enlever à la magistrature le jugement des écrits politiques.

La magistrature et l'administration écartées, que reste t-il ? Il reste le jury ; et, sauf à constituer celui-ci d'une manière spéciale, comme nous le proposerons tout à l'heure, c'est toujours à lui qu'en fin de compte il faudra revenir dans tout pays où l'on voudra sérieusement que la presse soit libre.

Même au temps où, chez nous, elle a été le plus près de l'être, nous avons connu des hommes qui, grands partisans d'ailleurs de l'institution du jury, auraient volontiers mis de côté celui-ci pour l'appréciation des délits de presse. Il y a là une inconséquence qu'à aucune époque nous n'avons pu nous expliquer. De deux choses l'une, en effet : ou l'institution du jury est bonne, ou elle est mauvaise. Si elle est mauvaise, à quoi bon la garder pour les cas d'assassinat ou de vol, tout homme ayant le jugement sain, et par conséquent tout magistrat, pouvant faire office en pareille matière? Si elle est bonne, elle doit l'être surtout dans les procès où, la politique étant en jeu, il faut non-seulement que le prévenu trouve, mais que le public soit assuré qu'il trouvera chez ses juges, d'une part, cette indépendance de position qui, si elle ne suffit pas toujours, aide du moins à assurer l'indépendance du caractère ; de l'autre, cette entière liberté d'esprit et d'action qui, non liée par un texte de loi, a latitude pour prendre conseil des circonstances, et peut, à un certain degré, suivre les oscillations de l'opinion publique. On ne persuadera à personne que les passions du magistrat soient telles que, pour paraître tranquillement à l'audience, un innocent accusé de meurtre ou de vol ait absolument besoin d'avoir des jurés pour juges. Mais si l'on ose soutenir cette thèse, qui après tout est un peu celle de nos lois pénales, comment oserait-on prétendre qu'il n'y a qu'une sorte de crimes ou délits qui doive, par sa nature, échapper au jury; que ce sont les délits commis par la voie de la presse, c'est-à-dire ceux précisément dont les prévenus ont le plus besoin, ont seuls besoin, à vrai dire, de trouver chez le juge qui les attend une complète indépendance politique? On pourrait, à la rigueur, admettre l'inverse de ce qui se pratique, c'est-à-dire que, sans cesser d'être libre, une nation pourrait abolir chez elle le jury et le remplacer par la magistrature toutes les fois qu'il s'agit de crimes ordinaires; mais il est une classe particulière de procès pour la solution desquels, s'il n'existait pas, le jury devrait être inventé : ce sont les procès de la presse. Or, ce sont justement ceux-là qu'on a l'inconséquence de lui soustraire.

On y est contraint, dit-on, par la faiblesse du jury, qui, aux époques où, chez nous, les affaires de presse lui étaient déférées, accomplissait mal sa mission et acquittait dans une foule de cas où il aurait dû condamner. Nous ne croyons point qu'au temps où nous sommes, pareille faiblesse soit à craindre ; et même, à parler franchement, s'il pouvait nous plaire de laisser de côté les principes pour ne voir que les circonstances et pour ne chercher, par le temps qui court, que la plus grande commodité des écrivains, ce sont des juges et non des jurés que nous demanderions pour eux, vu l'état des esprits depuis le coup d'Etat de 1851. Qu'il se soit trouvé à toute époque, et qu'il ait pu en particulier se trouver de nos jours certains magistrats prompts à rendre des services au lieu d'arrêts, c'est malheureusement un fait certain. Mais quels services autrement empressés et irréfléchis n'eût pas rendus, appelée à se prononcer comme jury, cette multitude qui n'entend point que l'on plaisante avec le gouvernement qu'elle s'est donné, et dont les entraînements, au lendemain du 2 décembre, semblaient surtout dirigés en vue de faire payer à la tribune et à la presse, sous l'Empire, leurs franchises ou, si l'on veut, leurs excès des régimes précédents ? Nous ne sommes plus au temps où la presse s'intitulait fièrement le quatrième pouvoir de l'Etat, et agissait parfois comme si elle était le premier : il lui en a coûté cher d'avoir usurpé ce titre et ce rôle que ne lui donnaient point les constitutions de la monarchie, pas même celles de la république, et que vraisemblablement les jurés de l'Empire ne s'empresseront guère de lui concéder.

Mais lorsque nous parlons de rendre au jury la connaissance des délits de la presse, nous ne songeons pas à réclamer pour celle-ci la faveur, ou plutôt nous repoussons pour elle le danger d'être mise un matin face à face avec le suffrage universel agissant comme juré et institué son juge. Ce n'est point de cela qu'il s'agit; car d'abord, et fort heureusement, tout Français qui vote ne juge pas, même dans les causes qui aujourd'hui sont de la compétence des cours d'assises. Si l'on a pu, à la rigueur, trouver qu'il est inutile de savoir écrire et même lire, pour être admis à prendre de la main du maire ou du garde champêtre et à mettre dans l'urne le bulletin sur lequel se trouve imprimé d'avance le nom du député à élire, le démocratisme légal ne va pas, — et il a raison, — jusqu'à exiger que tout électeur, même ne sachant ni lire ni écrire, soit juré : le nombre des citoyens votants est immense; celui des citoyens jugeants est limité. Mais, puisqu'on craint que celui-ci ne soit encore trop considérable pour assurer d'une manière intelligente et efficace la répression des délits de la presse, nous sommes tout disposés à admettre, nous proposerons même, et cela dans l'intérêt des écrivains poursuivis autant que dans celui de la société poursuivante, la création d'un jury spécial auquel ces délits seront déférés.

Dans l'état actuel des choses, et eu égard au très-petit nombre des procès intentés à la presse depuis la mise en vigueur de la législation préventive de 1852, un jury unique, assemblé tous les trois mois à Bourges ou dans telle autre de nos villes centrales, aurait grandement suffi pour toute la France ; et encore se serait-il, la plupart du temps, réuni pour ne rien faire. Mais admettons qu'une législation plus libérale, comme celle que nous attendons, remette les écrivains en veine d'imprudence et multiplie les cas de poursuites, il ne serait point encore, pour cela, nécessaire qu'il y eût un jury de la presse siégeant dans chacun de nos 89 départements. Sauf à rectifier tout de suite, comme il faudra bien le faire un jour, les circonscriptions anormales de trois ou quatre de nos cours d'appel, il serait à propos d'assigner le chef-lieu de chacune de ces cours à la réunion des jurés appelés à statuer sur les affaires de presse. Ceux-ci n'auraient point, comme les jurés ordinaires, à s'assembler régulièrement tous les trois mois : mieux vaudrait les convoquer à bref délai et seulement lorsqu'il y aurait poursuite dirigée par le parquet dans le ressort. On atteindrait, de la sorte, un double but : d'une part, on laisserait vaquer à leurs affaires des citoyens qu'il ne faut pas exposer à se déranger inutilement ; de l'autre, en cas de poursuites, on éviterait, par la réunion immédiate des juges, le danger de laisser pendants des procès qui, par leur nature, agitent toujours les esprits, et dont tout le monde, hormis les fauteurs de troubles, doit être d'accord à désirer la prompte solution.

Les jurés de la presse seraient, comme les autres,

tirés au sort ; mais, puisqu'on paraît craindre que le jury ordinaire ne soit point pourvu d'une dose de lumières suffisante pour bien juger en cette matière, nous proposons que, pour composer la liste des jurés de la presse, on prenne tout simplement les noms des conseillers généraux de tous les départements compris dans le ressort judiciaire. Cela obligerait, il est vrai, à avoir, pour le département de la Seine comme pour tous les autres, un conseil général élu, et à faire en sorte que, partout, les conseillers généraux fussent choisis en dehors de toute pression administrative ; mais, à vrai dire, nous ne verrions aucun mal à l'une non plus qu'à l'autre de ces deux innovations. Comme il n'y aurait habituellement qu'une seule affaire à juger, il suffirait de tirer au sort dix-huit jurés, pour, avec les cas d'excuses légitimes, être assuré d'en avoir toujours douze siégeant. Il y aurait lieu de restreindre le droit de récusation, dont, pour le dire en passant, il nous semble qu'on fait maintenant abus dans les causes criminelles. Ainsi réduite, et eu égard à l'état actuel de nos communications, qui chaque jour se perfectionnent et rendent les déplacements de plus en plus faciles dans le rayon d'une cour d'appel, la charge de juré de la presse serait fort légère ; elle n'aurait pas de quoi écarter de la compétition des suffrages les hommes qui, même depuis que nos luttes électorales ont, avec leur entrain, perdu beaucoup de leur intérêt, ne font point défaut lorsqu'il s'agit de représenter leurs concitoyens au sein d'un conseil général ou même d'un simple conseil d'arrondissement. Cette charge, rarement imposée et pour quelques heures seulement, ne resterait lourde que par la responsabilité qu'elle entraîne. Mais il faut bien que quelqu'un supporte celle-ci. Qui pourra mieux l'affronter qu'une magistrature élue, puisant dans l'élection même ses conditions d'indépendance ? Si, pour les causes ordinaires, l'inamovibilité est une garantie qui, tout incomplète qu'elle soit, reste cependant, à beaucoup d'égards, préférable à toute autre, pour ce qui tient à la politique, rien ne remplace le jugement du pays. Or, le jury, c'est le pays jugeant.

Nous croyons fermement qu'avec un jury composé et fontionnant de la sorte, les écrivains trouveraient, d'une part, des conditions sérieuses d'impartialité et d'intelligence (1) ; et que, de l'autre, la société n'aurait plus à craindre le retour de ces acquittements scandaleux, qui, s'ils ont, en d'autres temps, porté un préjudice réel au pouvoir monarchique ou républicain, ont souvent nui à la presse elle-même, en encourageant ses excès. C'est donc au nom de l'autorité, non moins qu'en celui de la liberté, que, pour notre part, nous sollicitons une réforme qui donnerait à toutes deux des satisfactions et des garanties.

Mais nous n'en avons pas fini avec toutes les difficultés, étant entourés non-seulement de citoyens mais

(1) Nous sommes d'ailleurs tout disposé à admettre, pour juger les procès de presse, un jury formé autrement que le nôtre, pourvu que ce soit un vrai jury, offrant par sa composition, ces garanties d'impartialité et d'intelligence en dehors desquelles la répression risquera toujours d'être nulle ou excessive.

de fonctionnaires, haut ou bas placés, qui, après avoir, dans leur jeunesse, sacrifié à tout propos l'autorité à la liberté, s'imaginent ne pouvoir expier leurs torts envers celle-là qu'en sacrifiant désormais perpétuellement celle-ci. Contre le rétablissement du jury en matière de presse, ces hommes invoquent un autre argument que celui de la crainte de l'impunité. Même en admettant que la répression soit efficace, ils craignent, disent-ils, le grand jour de l'audience, et cette publicité des débats, qui, d'un méchant article de journal ignoré, peut prendre occasion d'agiter le pays par un scandale retentissant.

En matière de publicité, nous n'avons rien à concéder à ces pusillanimes; nous n'avons rien à leur répondre, sinon que, pour les satisfaire et les rassurer, ce ne serait pas seulement le jury, c'est la police correctionnelle elle-même qu'il faudrait écarter pour le jugement des procès de presse. Le principe salutaire de la publicité des débats étant, en effet, partout admis dans l'ordre judiciaire, si l'on repousse le jury sous prétexte des dangers de l'audience, il faut repousser de même le Tribunal correctionnel et la Cour d'appel : ce n'est ni devant l'un, ni devant l'autre qu'il faut conduire l'écrivain ; c'est, comme cela se pratique depuis 1852, au cabinet même du préfet, jugeant à huis-clos, sans publicité, sans débat, sans appel. Ce système, nous le savons, sourit à plusieurs; mais nulle considération ne nous le fera jamais adopter. De toutes les conditions qui assurent la liberté, la publicité est la première : partout où la publicité manque, si la liberté existe aujourd'hui, rien ne prouve qu'elle existera demain. Cela est vrai dans le domaine de la presse comme dans celui de la conscience, de l'association, de l'enseignement, du commerce, de l'industrie. Et même on peut dire que la publicité est la garantie de la liberté de la presse encore plus que de toutes les autres, puisque la presse ne vit que de publicité, puisqu'elle est en quelque sorte la publicité elle-même. Il faut donc en prendre son parti : ou une presse censurée, et par suite la pensée comprimée et éteinte; ou une presse libre, avec les inconvénients, mais aussi avec les avantages de la discussion et du grand jour. Parlant de la première de ces deux presses, Benjamin Constant a dit avec raison : les censeurs sont à la pensée ce que les espions sont à l'innocence; les uns et les autres gagnent à ce qu'il y ait des coupables, et quand il n'y en a pas, ils en font. Fuyons ce danger, qui est une honte. On se plaint sans cesse que l'éducation libérale des Français soit lente à se faire : elle ne se fera point tant qu'on craindra pour eux le froid, le chaud, la lumière; tant qu'au premier accès de fièvre, on les couvrira de coton; tant qu'au premier faux-pas, on les mettra, s'ils ne vont d'eux-mêmes se remettre en lisières. C'est en tombant que les enfants apprennent à marcher et qu'ils deviennent hommes; c'est de même que les hommes deviennent citoyens.

Au criminel comme au civil, il y a dans tout procès matière à interprétation. Même en cas de flagrant délit, la loi veut que l'homme pris sur le fait puisse se défendre, qu'il puisse chercher dans les circonstances un refuge contre la sévérité des lois. Nous ne refuserons pas à l'écrivain le genre de protection que la loi accorde aux plus grands criminels. Nous lui concéderons, comme à tout le monde, le bénéfice des circonstances atténuantes.

Sans vouloir, sur un autre point, engager l'avenir ; sans nous arrêter à examiner ici, soit pour l'approuver, soit pour le combattre philosophiquement, le principe que la vie privée doit rester murée, et que nul n'a droit d'y voir, — nous reconnaissons qu'au temps présent, ce principe est dans nos mœurs. Dès lors, nous admettons qu'il reste, au moins temporairement dans nos lois, et que la preuve des faits diffamatoires ne soit point admise, toutes les fois qu'il s'agira d'une atteinte portée à la considération d'un simple particulier. Mais si celui-ci est fonctionnaire, et s'il a été diffamé pour faits relatifs à ses fonctions, la preuve, par tous moyens, doit pouvoir être fournie ; elle est de droit : c'est pour l'écrivain le cas même de légitime défense ; et contre cela rien ne prévaut.

Nous ne voyons point ce qu'on pourrait objecter à cet ensemble de propositions relatives à la poursuite des délits de presse, sinon peut-être que notre jury n'est point dans le Code d'instruction criminelle, et que ce serait une bien grande dérogation aux usages que de l'y introduire. Innovation pour innovation, celle-ci nous semble à la fois moins forte et meilleure que celle à laquelle on s'est arrêté le jour où on a donné au ministre de l'intérieur et aux préfets, à l'égard de la presse périodique, des facilités ignorées depuis l'abolition de la censure, et cela sous une constitution qui cependant confirme et nous garantit à tous, comme base de notre droit public, « les grands principes proclamés en 1789. » Convenons que les législateurs de ce temps-là auraient fort à faire si, revenant au monde, ils étaient chargés de mettre nos lois actuelles sur la presse en harmonie avec leurs idées d'alors. Bien d'autres que Mirabeau en seraient réduits à désavouer leurs descendants.

II

Les révolutions qui, même légitimes, ne sont jamais exemptes de maux, ont cela de bon qu'elles facilitent la justice à l'égard des gouvernements déchus. Outre qu'il peut avoir à compter avec des ennemis déloyaux, un gouvernement, tant qu'il est debout, se trouve exposé aux attaques d'une classe nombreuse d'adversaires, qui, sans cesser pour cela d'être honnêtes, jugent moins les actes qu'ils voient que les tendances qu'ils supposent, et s'imaginent, quoi qu'on leur accorde, ne devoir point entrer en accommodement avec un pouvoir dont ils repoussent le principe ou bien dont l'origine leur a déplu. Si ce pouvoir tombe, toute cette classe d'opposants disparaît, leur hostilité cesse, et le plus souvent c'est par eux que commence la réhabilitation historique des gouvernements à la chute desquels ils ont, de bonne foi, concouru. Que les puritains des divers partis se scandalisent de ces revirements d'opinion, nous n'y voyons, pour notre part, qu'un hommage rendu à la vérité et à la justice, et nous garderons nos rigueurs pour ces convertis moins désintéressés, dont le héros sera toujours l'homme debout ; pour ceux dont les jugements équitables n'ont jamais suivi dans l'exil aucun prince ni aucun principe, et dont la mobile adoration est constamment prête à se tourner vers tous les soleils levants.

Qui que nous soyons, libéraux de 1815, de 1830 ou de 1848, nous sommes tous aujourd'hui d'accord pour penser que si le premier Empire nous a rendu l'ordre, le gouvernement de la Restauration, victime comme tant d'autres de ses ultras, mérite, plus que ne l'ont dit les faux libéraux du temps, d'être inscrit au nombre des gouvernements réparateurs. C'est, en réalité, de lui que datent les premiers essais tentés pour nous faire entrer dans la voie de ces libertés légales que, sans non plus les accorder toutes, le régime de 1830 a maintenues et développées. Si Charles X a perdu sa couronne; s'il a, dans sa chute, entraîné sa dynastie, pour avoir, en un jour d'égarement, livré la liberté de la presse à un ministre dont le nom restera l'emblème de l'aveuglement mis au service de la fidélité, n'oublions pas que Louis XVIII prit pour soutien de son trône à peine restauré l'auteur convaincu de ces lois de 1819, sous lesquelles, tout incomplètes qu'elles nous apparaissent, nous serions actuellement heureux de vivre, et dont les débats, après avoir illustré la tribune française, assurent au nom de M. de Serre l'impérissable honneur de demeurer inscrit dans l'histoire parmi ceux des libéraux les plus vrais. A défaut du *Moniteur*, deux écrivains que la dignité du caractère ont, non moins que le talent, mis au rang de nos premières autorités parlementaires, MM. Guizot et Duvergier de Hauranne, sont là pour nous rappeler que, dans l'étude des interminables luttes soutenues par les Français en vue d'être et de rester libres, cette année 1819 mérite au premier chef de fixer l'attention de tous ceux qui, sans viser à découvrir la perfection nulle part, cherchent de bonne foi la vérité dans l'histoire et la liberté dans les institutions.

On vit, en cette année-là, une chose qui ne s'est guère revue depuis : un ministre du souverain luttant avec énergie, on peut dire avec passion, contre son propre parti, contre les exagérations de ces amis dangereux qui, dix ans plus tard, devaient contribuer à perdre la monarchie. La gauche d'alors n'est pas seule, il s'en faut, à combattre pour la liberté ; le centre droit lui vient puissamment en aide contre les entreprises de la droite extrême, et ce n'est point de l'opposition que part, comme menace, c'est du trône constitutionnel que descend, comme mesure d'ordre, comme satisfaction donnée à un droit reconnu, la volonté d'affranchir la presse. C'est le ministère qui, dans les voies du libéralisme, marche alors plus hardiment que ne semble le faire le pays lui-même. C'est à l'éloquente autorité du garde des sceaux, professant que, lorsqu'il a fait condamner un journal ou un livre, le gouvernement n'a rien obtenu si l'opinion publique ne ratifie pas la sentence (1), qu'on doit dès lors l'applica-

____

(1) *Moniteur* du 28 avril 1819.

tion du jury aux affaires de presse. C'est à la même autorité que, sous une Charte qui cependant reconnaissait une religion d'Etat, la majorité des deux chambres se rend pour repousser, comme inopportun et dangereux, un amendement en vertu duquel non plus seulement la morale publique, mais « la religion chrétienne » se trouvait inscrite parmi les choses que la loi civile était appelée à protéger contre les attaques des écrivains (1). Les amis de la liberté de la presse doivent relire toute cette discussion ; les amis de la liberté religieuse qui, comme nous, gardent un fâcheux souvenir de la loi qui, six ans plus tard, devait se nommer « du sacrilége, » doivent équitablement rappeler à ceux qui l'oublient que ce fut cependant un ministre du roi très-chrétien qui, en 1819, proclama le plus haut, et cela dans l'intérêt de la religion elle-même, la nécessité de maintenir la distinction des deux puissances, et s'opposa vigoureusement à ce que « l'homme, cet être faible et passionné, offrît au Tout-Puissant le secours de son bras. » Grand exemple et grande leçon, tous deux oubliés, mais non perdus, car on doit croire qu'ils ont puissamment contribué à faire qu'en dépit d'efforts encore plus inintelligents que passionnés et de réactions éphémères, le grand et salutaire principe de la distinction du spirituel et du temporel s'implante de plus en plus dans nos mœurs, alors même qu'il reçoit de passagères atteintes dans nos lois.

(1) *Moniteur* des 19 avril et 25 mai 1819.

Sans proclamer parfaites les lois de 1819, n'oublions pas que nous leur devons la plupart des dispositions libérales restées ou remises en vigueur sous les législations suivantes. Ces lois planent sur notre code de la presse, non-seulement comme un souvenir glorieux, mais comme un regret, comme une espérance : cela suffit pour que nous ne nous montrions point trop chatouilleux sur la distinction, établie à cette époque, entre les livres et les journaux, entre la liberté laissée à ceux-là et les restrictions imposées à ceux-ci. En bonne logique et conformément aux larges principes que nous avons émis, il ne doit pas y avoir de différence entre les diverses sortes de publications. La liberté de la presse n'étant autre chose que le droit laissé à chacun de répandre ses opinions, sauf à en répondre, nous ne saurions accueillir la théorie de ceux qui, faisant partage du genre de public qui lit les livres et de celui qui lit les journaux, professent qu'il doit y avoir — résultant du droit lui-même — une législation distincte pour les deux. Nous admettrons, pour les journaux, une législation à part, mais celle-ci ne découle point du droit strict ; elle résulte seulement de la nécessité où est le législateur d'assurer le châtiment en cas de délit. Et cette distinction est essentielle, car il suffit qu'elle soit faite pour obliger ceux qui l'admettent à l'admettre, du même coup, qu'une fois que le gouvernement a pris les mesures nécessaires pour rendre certaine la répression des délits commis par les journaux, son droit est épuisé à leur égard : il ne saurait aller au delà. Qu'il y ait ou non deux publics, comme on le pré-

tend, cela ne nous regarde pas, car, en matière
de liberté de presse, nous n'avons point à nous oc-
cuper du public, nous n'avons à considérer que l'é-
crivain ; il faut lui garantir son droit : or ce droit est
le même, sous quelque format et à quelqu'échéance
qu'il s'exerce. La dimension de la feuille sur laquelle
on écrit, non plus que la périodicité, ne changent
rien à la faculté que, dans tout pays où la liberté de
la presse existe, tout citoyen doit avoir droit d'imprimer, à ses risques et périls, ce qu'il trouve bon et ce
qu'il croit vrai. Voilà le principe : il ne varie pas.
Voici maintenant, pour ce qui concerne spécialement
les journaux, quelle peut en être l'application.

Une fois admis le droit dont, à notre avis, la société
ne doit point se départir, de réprimer les délits commis par la voie de la presse, il faut lui donner les
moyens de se protéger contre les excès de toute sorte
de publications.

Pour les livres, la chose est facile : le dépôt, et, en
cas de poursuites, la saisie, jointe à la responsabilité
de l'auteur s'il a signé son livre, à celle de l'éditeur
et de l'imprimeur si l'auteur reste inconnu ou s'il est
insolvable, suffisent à assurer la répression. Que
le parquet se montre un peu trop prompt à saisir un
volume qu'après examen de quelques jours, et faute
d'y pouvoir constater un délit, on sera obligé de
rendre à son auteur, celui-ci n'aura éprouvé nul
dommage ; et même on peut prévoir que, grâce à cet
esprit curieux et frondeur dont leurs affaissements, si
grands qu'ils soient, ne guérissent jamais les Français que d'une manière incomplète et passagère, l'édi-

tion du livre devenu momentanément suspect n'en sera que plus vite enlevée.

Il n'en est pas de même d'une feuille de journal. Celle-ci n'a qu'une heure de vogue et de vie ; il faut, à moins de l'annuler, la laisser libre de partir par la poste au moment même où elle sort de presse. Le dépôt sans doute reste exigé pour tout le monde, et une fois ce dépôt fait, l'éventualité d'une saisie atteint les écrits périodiques comme les autres. Mais ce serait mal garantir la liberté que d'abuser, pour les journaux, du droit de saisie immédiate. Il est donc naturel, il est même libéral, afin d'être exposé moins souvent à saisir sur l'heure, d'avoir corroboré l'action publique par cette disposition de la loi qui exige que tout journal ait un gérant responsable, gérant qu'on sera sûr de retrouver demain comme aujourd'hui, et qui, ne fût-il point l'auteur de tel ou tel article, répondra, jusqu'à l'expiration des délais de la prescription légale, de tout ce qui aura été dit dans la feuille au bas de laquelle sa signature aura figuré. Mais si ce gérant est un homme de paille, s'il ne fait que prêter son nom, s'il est absolument insolvable, que devient la garantie ? De là, l'obligation, non pas directe, répétons-le, non pas résultant du droit lui-même, mais bien de la nécessité ; de là, l'obligation d'imposer aux journaux un cautionnement dont le principe fut, à certaines époques, plus attaqué que de raison, et dont, pour notre part, nous n'hésitons pas à reconnaître la convenance, à deux conditions cependant : la première, c'est que le chiffre de ce cautionnement ne sera point exagéré ; c'est que le cautionnement sera une simple garantie en cas d'amende prononcée contre un journal, non une mesure préventive destinée à empêcher les journaux de naître : la seconde, c'est qu'en rendant sérieuse, effective, la responsabilité du gérant, le cautionnement déchargera l'imprimeur de toute compromission et de tout danger. Nous ne saurions admettre nulle part, pour la presse, cette responsabilité collective qui, sous prétexte d'assurer la répression, tue la liberté, en exigeant, pour qu'un livre ou un article de journal puisse paraître, le concours de deux, quelquefois de trois ou quatre volontés. Il n'en faut qu'une, si l'on veut que réellement la liberté existe, et nous reviendrons là-dessus tout à l'heure, quand nous aurons à nous expliquer sur les brevets d'imprimeurs. Seulement, comme il faut que l'amende soit sûrement payée par quelqu'un, rien n'empêche, jusqu'à ce qu'on trouve mieux, d'accepter le principe du cautionnement qui, à proprement parler, n'est point une mesure préventive, mais une simple garantie donnée à la répression en cas de délit.

Les droits de poste n'étant autre chose que la rémunération d'un service rendu par l'Etat aux particuliers, qui, à leurs frais, ne sauraient, à aussi bas prix, faire parvenir à destination les lettres et les imprimés qu'ils envoient, nous ne nous arrêterons même pas à combattre cette prétention qui, elle aussi, s'est produite en d'autres temps, d'obliger la poste à transporter les journaux gratis. Nous n'en sommes plus là : loin de verser, à l'égard de la presse, dans l'ornière de la faveur, c'est plutôt, en ce qui concerne surtout les journaux, dans celle de la prévention et de l'injustice, que l'opinion publique est tombée. Restons, si c'est possible, sur le large et ferme terrain du droit; et, quels que soient ces brusques virements d'opinion, soyons de ceux qui, à toute époque, ont sur ces questions même sentiment; de ceux qui admettaient déjà sous la République ce qu'ils continuent à professer sous l'Empire, et qui soutiennent que les journaux doivent, comme les lettres, acquitter le prix de leur transport. Il faut seulement que, sans cesser d'être rémunérateur pour l'Etat, ce prix soit équitable, c'est-à-dire modéré.

La question du timbre est plus délicate; elle demande qu'on fasse une distinction. Tout droit de timbre est un impôt : or, sous un régime qui, même aux époques où il oublie de se dire libéral, ne néglige jamais de s'intituler démocratique, l'impôt sur la pensée ne saurait être admis et trouvé bon. Mais, chez la plupart des journaux, sinon tous, et surtout chez les grands, il y a deux parties bien distinctes : il y a la partie intellectuelle, celle des articles, qui devrait être affranchie du timbre; il y a la partie industrielle, celle des annonces, qui peut, et même qui doit, comme toute industrie, supporter sa part d'impôt. Le tort de notre législation actuelle et de toutes celles qui l'ont précédée, est de frapper les journaux d'un droit qui s'étend indistinctement de la première à la quatrième page, de telle sorte qu'à format égal, chaque feuille d'un journal qui n'a que peu ou point d'annonces, acquitte au timbre le même droit que celle d'un journal dont les annonces sont affermées à plusieurs centaines de mille francs par an. C'est là qu'est le mal, et ce mal est double dans ses effets; car, d'une part, il accoutume les citoyens à considérer le droit de timbre comme un impôt légitimement prélevé sur l'intelligence, ce qui ne saurait être; car, d'un autre côté, il rend difficiles, souvent même impossibles, les conditions de l'existence aux journaux qui voudraient s'établir et à ceux qui viennent de naître. Ceux-ci, en effet, n'ont que peu d'abonnés, et la plupart du temps ils n'ont point d'annonces. Pour gagner des abonnés, et par suite des annonces, il faut bien payer sa rédaction, il faut faire des frais. Pour pouvoir faire des frais, il faudrait des abonnés et surtout des annonces. C'est un cercle vicieux, qui enserre les nouveaux venus, et ce cercle est rendu plus étroit par la présence immédiate de l'agent du fisc, qui, dès les premiers abonnements, est là pour prélever sa part. Grâce à lui, la caisse du journal, avant d'être alimentée par aucun produit accessoire, se trouve frustrée de toute la somme qui, sur l'heure, entre dans la caisse de l'Etat, et qui, en bonne justice, ne devrait y être versée qu'à l'époque où le journal, ayant grandi, aurait vu croître sa clientèle et se développer cette partie industrielle d'où il tirera la source principale de son revenu.

Supposons qu'à Paris un nouveau journal s'établisse et qu'il le fasse dans les conditions ordinaires, c'est-à-dire au prix moyen d'abonnement de 60 fr. par an, et dans les dimensions de la plupart des feuilles actuelles, dont le timbre est de 6 centimes. Cet impôt de 6 centimes, multiplié par 365 jours, donne, en fin d'année, la somme de 21 francs 90 centimes, somme énorme, puisqu'elle dépasse le tiers du prix de l'abonnement. Le plus clair du bénéfice du journal y passe ; ou, pour parler plus justement, comme il ne saurait y avoir bénéfice pour un journal quotidien de Paris tant que celui-ci n'a pas conquis au moins sept ou huit mille abonnés, la perte quotidienne s'accroît de toute la portion versée au Trésor à titre d'impôt.

Que sera-ce si, au lieu de Paris, il s'agit d'établir en province un journal qui ne pourra, lui, à ses débuts, présenter au public le nom de rédacteurs connus dans la presse, ni mettre en tête de prospectus retentissants qu'il a pour patrons des sénateurs, des députés, des conseillers d'Etat ? Ce n'est point en province que, pour écrire, on peut invoquer l'appui d'aussi hauts personnages, dont le nom est un gage de vie, ne fût-il pas une condition de fortune. A peu près certain de mourir sans eux, alors même que sans eux on pourrait naître, on trouve plus doux de ne point naître, et il en résulte que, la loi pénale aidant le timbre et le timbre aidant la loi pénale, nul écrivain, surtout s'il n'est pas sûr de lui, ne s'avise plus guère en province de chercher à fonder un journal. De là, dans toute la France, au profit des vieux journaux, bien vivant de leur industrie et bien disciplinés pour la plupart, une féodalité de la presse, contre laquelle, en vécussent-ils, doivent protester avec nous ceux qui considèrent que, de tous les monopoles, celui qui pèse sur les intelligences est le pire.

Rien ne serait à la fois plus judicieux et plus simple qu'une réforme en vertu de laquelle, étant aboli le timbre de dimension qui atteint le journal entier,

chaque ligne d'annonces serait frappée d'un droit
qui associerait le Trésor aux bénéfices de la quatrième page. Ce serait là un impôt équitable, puisque
d'un côté il ne porterait que sur la partie vraiment industrielle de l'entreprise ; puisque de l'autre le Trésor
aurait sa part exactement proportionnelle dans les
profits que l'insertion des annonces procure aux journaux.

A l'égard de cet impôt comme de plusieurs autres,
le principe de l'abonnement serait admis. Une fois
constaté le produit que, par jour, et dans le courant
d'une quinzaine ou d'un mois, les annonces d'un journal auraient donné, on pourrait, au taux moyen, trai-
ter avec ce journal pour toute l'année. Cela simplifie-
rait la perception du droit, perception qui d'ailleurs
resterait facile quand même le système d'abonnement
ne prévaudrait point dans la pratique. Pour établir
ce droit et pour en toucher le montant, il faudrait
beaucoup moins d'employés et de temps qu'il n'en
faut aujourd'hui pour l'apposition matérielle du
timbre. Tandis, en effet, qu'un journal qui a dix mille
abonnés exige par jour dix mille coups de tampon,
dont chacun macule une de ses feuilles, un quart
d'heure suffirait pour compter chaque matin, sur un
exemplaire dont la loi exigerait le dépôt à titre de
renseignement fiscal, combien, ce jour-là, la feuille a
inséré de lignes d'annonces. Tant de lignes d'annonces, tant de francs encaissés par le journal, et là-
dessus, à titre d'impôt, tant de centimes prélevés par
l'Etat. C'est à la fois si logique et si simple, qu'il
faut espérer qu'on en viendra là un jour, sans se lais-

ser arrêter par cette considération, que l'impôt sur les annonces serait moins productif pour l'Etat que ne l'est actuellement celui du timbre. La justice d'abord, la fiscalité ensuite.

Même aux époques où l'opinion publique se montre le plus favorable aux journaux, les gouvernements ne sont pas dans l'usage de suivre le flot; pour eux, le journal c'est l'ennemi. Tel ils le voient, tel ils le traitent, et de là il arrive que fort souvent tel il devient, alors même qu'il n'y prétendait pas. « Les coups lui font une conviction, » dit, en parlant d'un pauvre hère, le personnage d'une comédie moderne. Que de journalistes, avant 1848, avant 1830, ont été dans ce cas ! Combien d'entre eux, moutons d'origine, sont devenus des lions sous le fouet. Si, pour de bonnes raisons, il n'y a guère aujourd'hui de lions dans la presse française, il reste en Europe des gouvernements qui, absolus ou non, savent que la presse est une puissance, et qui se montrent, à cause de cela, plus disposés à la gouverner qu'à l'affranchir. C'est là un fait qui, pour se reproduire sous les régimes les plus divers, n'en reste pas moins une faute grave. Qu'il aspire ou non à devenir parlementaire, tout gouvernement, si peu qu'il soit représentatif, doit admettre que la liberté de la presse est de son essence même. C'est par elle, c'est non-seulement par la publicité des débats législatifs, mais par le libre jugement que les écrivains doivent toujours pouvoir porter sur les orateurs et sur les votants, que le peuple apprend à connaître et à juger ses députés. D'un autre côté, sans la liberté des journaux, le gouvernement

n'est renseigné sur ce qui se passe que par les rapports
de ses fonctionnaires : trop souvent intéressés à lui
voiler des vérités déplaisantes pour lui ou pour eux-
mêmes, ceux-ci le flattent en se flattant ; et si la flat-
terie est pleine de dangers pour les princes, même
quand, à côté d'elle, la voix des dissidents peut se
faire entendre, que sera-ce si cette voix est muette ?
« Je connais, disait M. de Bonald, qu'on n'accusera
point d'être un extravagant de libéralisme, je connais
un remède très-efficace contre l'exagération et l'im-
posture des journaux ; je n'en rencontre pas contre
leur silence. » Comment se fait-il que les gouvernements, presque tous les gouvernements, en soient
encore à se rendre compte d'une vérité si simple ; et,
non contents d'aimer le silence des journaux, ne reculent devant rien pour l'obtenir ? Longtemps avant
qu'il ne se fût mûri dans la pratique des affaires et dans
les dix années de cette retraite pleine de dignité et
d'études d'où il n'est sorti que par la mort, Tocqueville, revenant d'Amérique, signalait ce qu'il avait vu là :
il y avait vu des journaux libres, souvent trop libres,
mais en si grand nombre que, chacun détruisant au
moins en partie le mal que d'autres avaient fait, les
excès de la presse américaine elle-même restent, la
plupart du temps, sans danger. Nous ne demandons
point actuellement pour nos journalistes de pareilles
franchises. Mais, avec le voyageur qui plus tard devait
devenir notre maître à tous, notre guide à la fois le
plus hardi et le plus sûr dans les voies de ce libéralisme vrai dont il n'aura, lui, entrevu que l'aurore,
nous conclurons que le bon moyen d'affaiblir la presse

et de diminuer par là ses dangers, ce n'est pas de multiplier autour d'elle, comme on a coutume de le faire, les barrières de toutes sortes ; ce n'est pas de l'entourer de précautions, de rigueurs et surtout de piéges : c'est, au contraire, une fois bien posée la limite qu'elle ne doit point franchir, de la laisser se mouvoir librement dans le cercle que, d'accord avec la nature des choses, la raison et la loi auront tracé. En Amérique, comme au reste en Angleterre, on est bien convaincu de cette vérité que, plus il y a de journaux, moins les journaux sont puissants (1) ; aussi, les laisse-t-on vivre et même pulluler.

En France et encore ailleurs, on s'imagine au contraire que, moins il y a de journaux, plus le gouvernement est en sûreté ; et à chaque journal que, de Madrid à Saint-Pétersbourg, la police empêche de naître ou qu'elle tue, il ne manque pas de prétendus amis de l'ordre pour applaudir à ce beau triomphe. Ils sont satisfaits, se croyant devenus plus forts. Erreur : on n'a fait que fortifier l'ennemi.

Il suffirait que cela fût bien compris pour qu'il ne nous restât rien à dire sur un point que nous avons réservé pour la fin, car il est capital, car on n'aura rien fait pour la liberté de la presse, tant qu'on n'aura pas, quoi qu'on fasse d'ailleurs, abordé ce point-là : nous voulons parler des brevets d'imprimeurs.

L'imprimerie n'est pas seulement une de ces décou-

---

(1) C'est ce que démontre très-bien le spirituel auteur de *Paris en Amérique*. Aux Etats-Unis, dit-il, il y a tant de journaux que le nombre des tyrans y a tué la tyrannie.

vertes dont l'esprit humain puisse, à bon droit, s'é-
norgueillir : c'est, en outre, une puissance formidable,
envers laquelle, tout en l'admirant, nous reconnaissons
que la société a des précautions à prendre. Nous avons
admis que les délits de la presse doivent être réprimés ; cela suffit pour que nous admettions également
que l'imprimerie doit être surveillée. Mais surveillance
et vexation sont deux choses parfaitement distinctes :
la première est légitime, la seconde ne l'est pas. La
loi de 1814, encore en vigueur pour partie, a remis
aux mains du pouvoir une arme séduisante et dange-
reuse, qui, inventée pour la défense, peut, à toute
heure, devenir agressive et aider une administration
ombrageuse à en finir avec la presse aussi souvent
qu'il lui plaira.

Point de liberté de presse sans imprimeries; point
d'imprimeries sans imprimeurs. Or, en faisant de
l'état d'imprimeur une de ces professions que, par
euphémisme sans doute, on est convenu d'appeler
« privilégiées; » en exigeant que tout imprimeur soit
breveté et en rendant le brevet révocable par mesure
administrative, la loi de 1814 a, en réalité, donné à
l'administration un pouvoir qui, s'il n'est pas discré-
tionnaire dans son essence, le devient dans ses effets :
il suffira toujours, en effet, de détourner les imprimeurs
de la volonté d'imprimer, pour dépouiller, par voie
indirecte, les écrivains du droit d'écrire.

Puisque, comme on l'a dit avant nous, il est aussi
impossible d'imprimer sans presse que de labourer
sans charrue ou de naviguer sans vaisseau, il semble
que le premier soin de tout gouvernement vraiment

soucieux de garantir la liberté de la presse, doive être
de mettre tout citoyen en position de trouver un imprimeur, s'il en a besoin. Or, c'est justement le contraire qui arrive, grâce à l'institution des brevets ré-
vocables, institution dont il est permis de croire qu'elle
est plus qu'un usage, qu'elle fut à son origine et
qu'elle est restée depuis un calcul. Si, par là, les gouvernements s'étaient mis simplement en mesure de
ruiner un homme auquel il leur a plu d'accorder une
faveur, ce serait déjà excessif ; mais ce qui est odieux,
c'est que la révocabilité du brevet place les imprimeurs en face de la crainte, encore plus qu'elle ne
les met sous le coup perpétuel de la loi Pour que la
liberté soit atteinte, il n'est pas du tout nécessaire que
l'administration fasse un usage fréquent de son droit
de retrait de brevet ; c'est assez qu'on sache qu'elle a
ce droit, et qu'en l'occasion elle l'exercera. Ne l'eût-
elle exercé qu'une fois, comme cela s'est vu après la
saisie d'une brochure qui, au printemps de 1861, a
fait du bruit (1), cet exemple a suffi pour que maint
auteur, désireux d'écrire sur autre chose que les
sciences, les lettres, la pluie ou le beau temps, ait depuis lors trouvé des difficultés extrêmes à faire imprimer ou éditer des choses que le parquet le plus
chatouilleux eût cependant déclarées innocentes.
Nous avons connu des manuscrits qui eussent volon-

____

(1) *Lettre sur l'histoire de France.* Retrait de brevets de
l'imprimeur Beau et de l'éditeur Dumineray.

tiers affronté tous les censeurs imaginables, y compris le juge d'instruction, et qui n'ont pu tenir devant la censure d'un imprimeur ou d'un libraire, refusant sa presse ou son nom. Cela se conçoit. Quel est l'industriel qui, pour un gain modique, s'exposera à déplaire au pouvoir dont il sait que son sort dépend ? Tout imprimeur qui, en vue de gagner cent écus, accepte l'impression d'un écrit qui peut lui coûter son brevet, c'est-à-dire une valeur de vingt, cinquante, cent mille francs ou plus, n'est qu'un sot. Celui qui, par dévouement à une idée, par devoir, par conviction, se risquerait à courir pareille aventure, serait assurément un héros. N'exigeons pas de ceux qui disposent en maîtres de nos manuscrits, qu'ils soient précisément l'un ou l'autre : prenons plutôt, et cela de bonne foi, les mesures nécessaires pour, sans livrer la société aux idéologues dangereux, faire que la liberté d'imprimer obtienne la première de ses garanties, qui est l'indépendance des imprimeurs.

Il n'y a que deux moyens pour cela : ou rendre libre la profession d'imprimeur, tout en gardant sur elle les moyens de surveillance efficace que nous allons indiquer ; ou introduire dans la loi une disposition qui, hors les cas dont nous aurons également à faire réserve, affranchisse l'imprimeur de toute solidarité dans la poursuite, et mette, quoi qu'il arrive, son brevet hors d'atteinte.

Le premier de ces deux systèmes serait assurément le plus simple, et c'est le seul auquel nous nous arrêterions s'il n'était aussi le plus radical, et s'il n'avait, comme tel, le privilége de porter avec lui l'impopula-

rité et même l'effroi (1) : effroi réel chez plusieurs, si-
mulé chez d'autres, mais à coup sûr exagéré, puisqu'il
est entendu qu'en proposant la suppression du brevet,
nous n'entendons pas du tout affranchir de contrôle les
citoyens auxquels il prendrait fantaisie d'avoir une
presse à leur disposition. Chacun de ceux-ci aurait à
faire une déclaration, par suite de laquelle il tomberait
immédiatement sous le coup des lois et règlements les
plus sévères relatifs à la police de l'imprimerie. Quiconque, ayant fait connaître qu'il a une presse, vou-
drait la faire fonctionner, ne fût-ce que pour imprimer
une feuille volante, serait en outre, cela va sans dire,
comme l'est aujourd'hui tout imprimeur, soumis à la
double formalité de la déclaration et du dépôt, et de
plus à l'obligation de mettre son nom au bas de l'é-
crit. Et moyennant qu'on édicterait des peines rigou-
reuses contre quiconque serait trouvé détenteur
d'une presse clandestine, et qu'on maintiendrait à l'u-
sage de tous, les articles de loi qui aujourd'hui atteignent l'imprimeur coupable d'avoir manqué aux règlements concernant son état, il est permis de croire
que la crainte d'un châtiment plus qu'ordinaire suffirait, sinon pour empêcher toute fraude, du moins
pour limiter singulièrement le nombre des délits.

(1) C'est cependant ce système que nous n'osions nous-
même, il y a quatre ans, proposer qu'avec timidité et réserve, qui paraît devoir triompher. Si, dans la discussion
du nouveau projet de loi sur la presse, le gouvernement
se montre aussi libéral que dans celle-là, nous n'aurons
qu'à le féliciter. Mais, pour juger, il faut attendre.

Quant à la répression, si l'on pense qu'un matériel d'imprimerie, dont la loi pourrait, dans une certaine limite, et en cas d'insolvabilité de l'imprimeur, autoriser la saisie, ne serait point pour la société une garantie suffisante, rien n'empêcherait d'admettre que les imprimeurs fussent comme les journalistes soumis à l'obligation d'un cautionnement. Les deux arguments à l'aide desquels on combat celui-ci ne nous semblent péremptoires ni l'un ni l'autre. On dit d'abord que le cautionnement crée un privilége au profit de ceux-là seulement qui peuvent le fournir, et que, par là, il viole les principes démocratiques sur lesquels repose la Constitution française. On dit en outre que le cautionnement porte atteinte à la liberté de l'industrie.

Pour ce qui est des principes démocratiques, nous n'avons qu'une chose à répondre : c'est que ces principes sont aussi intéressés que les autres à ce que, sous un gouvernement régulier, la répression des crimes et délits ne puisse, dans aucun cas, être rendue illusoire. Or, tant qu'on n'aura pas trouvé, pour assurer efficacement la répression, d'autres moyens que celui du cautionnement, le cautionnement aura sa raison d'être.

Quant au principe, si respectable à nos yeux, de la liberté industrielle, nous ne saurions admettre non plus que ce principe soit violé parce que le gouvernement aura pris des mesures pour que la loi pénale ait une sanction. Il y a, en effet, des industries de plus d'une sorte. Il y en a qui ne peuvent jamais porter préjudice à personne, si ce n'est aux industries similaires :

pour celles-là, la liberté doit être complète, sans entraves comme sans restrictions. Il y en a d'autres à l'égard desquelles, dans l'intérêt social, un gouvernement, même libéral, peut et doit prendre des sûretés. Nous pensons que l'imprimerie appartient à cette seconde catégorie : sans nous donner licence de la comparer aux établissements dangereux ou insalubres, nous admettons que la police soit armée des moyens de faire solder aux imprimeurs, si leur profession devient libre, les amendes qu'ils auront encourues, et au payement desquelles l'ordre public est intéressé. Il faut seulement, comme nous l'avons déjà dit à propos des cautionnements de journaux, qu'il soit bien admis par tout le monde, et d'abord par le gouvernement, que le cautionnement des imprimeurs n'est pas du tout une mesure préventive, prise en vue d'empêcher les imprimeries de se multiplier, mais une simple garantie d'ordre, destinée à assurer le solde des amendes encourues. Il faut aussi que le chiffre du cautionnement ne soit point exagéré, c'est-à-dire qu'il soit réduit au strict nécessaire pour que la répression soit garantie dans tous les cas. Ainsi, à supposer que la loi fixe à 10,000 francs le maximum de l'amende que peuvent encourir les imprimeurs ou les journaux, un cautionnement de 20,000 francs suffirait pour assurer toujours l'exécution de la loi pénale, moyennant qu'à la première amende prononcée, et avant de continuer à imprimer ou à paraître, l'imprimeur ou le journal serait obligé de parfaire immédiatement le chiffre de son cautionnement, entamé par une condamnation.

Toutes ces mesures étant prises, nous ne voyons pas quels dangers pourrait faire courir à la société la pleine liberté de l'imprimerie.

Des hommes qui se disent conservateurs, et qui ne méritent point ce nom, soutiennent cependant que nous aurions beau faire, et que, sous un tel régime, la police serait impuissante à découvrir les imprimeries secrètes, qui s'établiraient, disent-ils, partout le jour où le gouvernement aurait l'imprudence de laisser libre la profession. Nous n'en croyons absolument rien. Parler ainsi, c'est faire injure à la police, dont l'œil, si exercé de nos jours, ne s'endort sur aucun délit, notamment sur ceux qui ont trait à la politique. Un décret en date du 22 mars 1852 a d'ailleurs pris un bon moyen pour faciliter la surveillance, en obligeant non-seulement les fabricants de presses, mais les fondeurs de caractères, clicheurs, stéréotypeurs, etc., à tenir un registre paraphé par le maire, sur lequel doivent être inscrits, à jour, les noms, qualités et adresses de tous ceux auxquels ils font quelque fourniture. On pourrait compléter cette disposition en exigeant que tout citoyen qui, sous l'empire de la liberté de l'imprimerie, aurait une presse en sa possession, déclarât à qui il la transmet, et cela le jour même où il s'en dessaisit.

Avec toutes ces précautions, il se pourra encore nous l'accordons, qu'un homme n'ayant rien à perdre, s'avise de faire un coup fourré, achète une presse, des caractères, et, sous l'inspiration peut-être d'un parti qui lui aura fourni ses moyens d'action, jette sur la place une méchante brochure et s'enfuie. Si cela arrive une fois par hasard, il ne faut point s'en préoccuper. Bien malades seraient les gouvernements et les pays, qui, pour un fait isolé de cette nature, courraient des risques sérieux. S'il pouvait être à craindre, au contraire, que cela ne se renouvelât, nous serions les premiers à chercher les moyens de nous garantir contre un tel danger. Mais, outre que rien de pareil n'est à prévoir, nous demandons à tout homme ayant son bon sens en quoi le régime actuel des brevets peut empêcher un aventurier de faire justement ce dont on nous menace? Le délinquant qui, étant donnée la liberté de l'imprimerie, se soustrait à la déclaration qu'il doit faire, et consent à courir la chance d'imprimer sans bruit un pamphlet, sauf à disparaître après coup, peut apparemment, si la fantaisie lui en vient, agir de même aujourd'hui. En quoi le régime actuel des brevets peut-il empêcher un homme de se procurer clandestinement une presse, d'acheter du vieux plomb, quelques rames de papier, de lancer une brochure et de prendre la fuite? Ceci n'est point entré dans nos mœurs. Pourquoi craint-on que l'usage ne s'en établisse sous une législation qui, plus douce pour les observateurs de la loi, garderait, nous l'admettons, ses rigueurs pour ceux qui voudraient la violer?

Mais on raisonne encore moins avec le parti pris qu'avec la peur, et si celle-ci est bien pour quelque chose, celui-là est pour beaucoup dans le maintien des procédés actuels. Essayons donc d'une concession. Admettons, si on le veut absolument, que l'usage des brevets, momentanément disparu à la chute de l'Ancien Régime, soit conservé. Du moins faut-il qu'en aucun cas, et surtout en l'absence d'un jugement qui les condamne à cette pénalité rigoureuse, les titulaires ne puissent perdre leur brevet, sous prétexte qu'ils ont concouru à la publication d'un écrit coupable.

Invoquant en 1819, les principes oubliés depuis, mais sous l'empire desquels la loi de 1814 a été votée, M. Guizot, alors commissaire du gouvernement, proclamait que le brevet d'un imprimeur ne devait lui être retiré que « dans le cas de condamnation pour contravention aux lois et règlements sur *la police* de l'imprimerie. » (1) Notons ce mot : il est capital. Il indique, à ne pouvoir s'y méprendre, qu'il entrait alors dans la pensée du gouvernement que l'imprimeur ne courait point de risques pour son brevet dans le cas où il aurait été condamné à l'amende ou à la prison comme complice ou même comme auteur principal d'un écrit reconnu coupable, mais seulement dans l'hypothèse où il aurait contrevenu aux lois et règlements concernant son état, c'est-à-dire soit à la formalité de la déclaration ou du dépôt, soit à l'obligation de faire figurer son nom au bas d'un imprimé sorti de ses presses. On comprend tout de suite quelle importance s'attache à cette distinction, qui au reste, disons-le, n'a point attendu le second Empire pour être oubliée et méconnue. L'imprimeur qui viole les règlements sur « la police » de la presse, agit de son chef, et, dans ce cas, si on le prive de son brevet, pourvu qu'un autre hérite de celui-ci, la liberté de la presse n'a point à souffrir. L'imprimeur, au contraire, qui se voit per-

______

(1) *Moniteur* du 23 avril 1819.

pétuellement menacé d'un retrait de brevet pour fait d'impression d'un écrit qui pourra être jugé coupable, a tout intérêt à s'ériger en juge suprême du manuscrit qu'on lui présente, et, aussi souvent qu'il refuse d'imprimer, la liberté de la presse se trouve atteinte dans la personne de l'auteur, c'est-à-dire dans sa source même. Il ne manque pas de prétendus conservateurs pour dire qu'après tout le mal n'est point grand, pour peu que l'ouvrage soit suspect. Nous ne saurions partager cet avis, et quiconque l'adopte est inconséquent s'il ne se prononce aussitôt pour le rétablissement de la censure. La censure, en effet, a pour usage, partout où elle existe, de ne mettre au pilon que les écrits précisément qu'elle trouve ou dangereux ou suspects : elle laisse toujours passer les autres. Si l'on veut que les autres seuls puissent passer, et si les imprimeurs ont mission de veiller à cela, à quoi bon la liberté de la presse, et pourquoi pas tout de suite des censeurs? Notre question est sans réplique. Ceci est le point de vue de la liberté ; passons à celui de l'ordre. L'ordre ne craint rien tant que le désordre : or, c'est un désordre, et tôt ou tard, celui-ci ne peut manquer de porter ses fruits, que de dire hautement aux citoyens qu'ils sont libres, et de se réserver, par dessous main, le moyen de faire qu'ils ne le soient pas. Pour tenir les gens en respect, c'est toujours une pauvre ressource que celle qui consiste à chercher partout, pour la remettre aux mains du pouvoir, une de ces martingales de mauvais aloi a l'aide desquelles on se flatte de lui donner la force en le dispensant d'avoir le droit.

De deux choses l'une : ou l'on veut sérieusement la liberté de la presse, ou on ne la veut pas. Si on ne la veut pas, nous comprenons tout, et nous n'avons rien à dire. Mais si on la veut, il faut absolument faire autre chose et plus que n'ont fait les gouvernements, même libéraux, qui ont précédé l'Empire : il faut se mettre en frais pour, sans rendre la répression illusoire, trouver moyen de rendre partout inutile le concours de plusieurs volontés. Si, comme on l'a fait remarquer souvent, l'obligation d'être deux pour former une entreprise est une atteinte réelle portée à la liberté de l'industrie, à plus forte raison ne sera-t-il jamais dit que l'obligation d'être deux ou trois pour publier la pensée d'un seul constitue la liberté de la presse.

Du moment qu'on a pris ses mesures pour qu'aucun délit de presse ne reste impuni, quel profit, nous le demandons, — s'il n'y a point d'arrières-pensées, — peut-on trouver à multiplier le nombre des coupables, et à vouloir, dans ces sortes d'affaires, en atteindre toujours deux ou trois ? Il suffit d'un, pourvu qu'il n'échappe pas. Or voici quelles seraient, suivant nous, la règle à suivre et la gradation à observer pour assurer toujours la répression sans atteindre jamais la liberté.

S'agit-il d'un article de journal ? Le gérant et son cautionnement sont là pour répondre : ce serait assez, quand bien même les auteurs de la loi de 1850 n'auraient pas réussi à créer maladroitement une responsabilité de plus, et, par la nécessité de la signature de chaque article, imposé à la presse périodique une nouvelle entrave dont il est permis de croire que plusieurs des législateurs d'alors trouvent actuellement qu'elle pourrait bien se passer.

S'agit-il d'un livre ? Il faut distinguer. S'il a plu à l'auteur de ne point se faire connaître et d'écrire sous le voile de l'anonyme, chose permise aux plus honnêtes gens, à la seule condition qu'ils s'adressent non à quelqu'un mais à tout le monde ; ou bien si cet auteur, se sentant coupable, se dérobe à l'action de la justice ; ou bien encore s'il est insolvable et n'a pas de quoi payer l'amende à laquelle on l'aura condamné, dans ces divers cas, comme il faut bien que la responsabilité et ses conséquences retombent sur une personnalité saisissable, nous admettons que l'éditeur du livre et, à défaut d'éditeur, l'imprimeur puisse être poursuivi. C'est à eux qu'il appartenait de se mettre en règle et de prendre leurs précautions pour que leur responsabilité fût couverte par une autre : la justice ne devant jamais en être réduite à s'agiter dans le vide, il est naturel, si elle ne trouve personne, qu'elle puisse s'adresser à celui qui aura prêté l'instrument matériel du délit. Mais c'est seulement à défaut de tout autre que celui-ci doit être recherché. C'est ignorer la manière dont les choses se passent, ou plutôt c'est méconnaître sciemment les conditions mêmes de la liberté d'écrire, que d'invoquer, comme on l'a fait souvent, le principe de la complicité, pour englober, en tout état de cause, les imprimeurs dans la poursuite.

A ceux qui, comme nous, ne font autre chose, on le voit, que réclamer le droit commun pour la presse, on objecte que nous sommes inconséqents, que nous sortons ici de notre programme, et qu'en réalité nous demandons un privilége pour les imprimeurs en proposant de les affranchir de complicité, eux qui, par le fait, concourent à la publicité des écrits coupables, et par conséquent au délit. Puisque l'homme qui a tenu l'échelle du voleur est complice, pourquoi, nous dit-on, l'imprimeur ne le serait-il pas, lui qui a prêté les caractères, fourni le papier et fait fonctionner l'instrument? Pourquoi? — Par une raison bien simple : c'est que, comme nous l'avons déjà dit, mais comme on ne saurait trop le répéter, si vous admettez que l'imprimeur soit un être pensant, lisant, discutant, s'interposant à raison du risque qu'il court entre le public et l'auteur, et pouvant, sans aucune forme de procès, supprimer la pensée de chacun de nous, en un mot si vous faites de lui autre chose qu'une machine, c'est la liberté qui devient un leurre; c'est le régime de la censure indirectement rétabli, c'est le *veto* transporté du roi à l'imprimeur. On condamne celui qui, sachant ce qu'il fait, a tenu l'échelle, et on a raison : mais, sauf les cas de responsabilité que nous avons indiqués précédemment, l'imprimeur n'a point tenu l'échelle, il n'a fait que la prêter, et cela sans avoir ni pu ni dû s'enquérir de l'usage qu'on se proposait d'en faire. Il n'est donc pas exact de dire que nous demandons une exception en sa faveur. Mais l'exception existât-elle, et pour mettre l'imprimeur hors de cause, pour l'affranchir de la solidarité généralement imposée aux complices, fallût-il recourir à une fiction, celle-ci vaudrait encore mieux que cette autre en vertu de laquelle, la liberté nous étant promise, nous n'aurions que le mot sans la chose.

C'est ce qu'a fort bien compris M. Duvergier de Hauranne, lorsque, dans sa belle *Histoire du gouvernement parlementaire,* il s'étonne que, de 1819 à 1852, aucune assemblée ne se soit sérieusement préoccupée du danger que le régime des brevets d'imprimeurs fait courir à la liberté de la presse: « C'est un des reproches, dit-il, que doivent s'adresser à eux-mêmes ceux qui, pendant cette longue période de notre histoire, ont pris une part quelconque aux affaires publiques. »

Cette censure est méritée: elle atteint toutes nos chambres, toutes nos assemblées, tous nos gouvernements, y compris celui de 1848 (1), qu'on n'accusera pas cependant d'avoir été d'une trop grande rigidité pour la presse.

Le tort de tous, même aux époques où ils ont le plus hardiment rompu avec la tradition, est d'avoir cru que, pour protéger la liberté, il suffit de laisser dormir les lois qui l'atteignent. C'est une grande et funeste erreur. La liberté n'est en sûreté que sous des lois qui la garantissent, et encore pas

(1) Nous croyons cependant savoir que, dans un des comités de notre dernière Assemblée Constituante, la question des brevets d'imprimeurs fut soulevée par un jurisconsulte éminent d'Alsace, par l'honorable M. Ignace Chauffour.

toujours. Parce que la monarchie avait, pendant trente-trois ans, fait un rare usage de la faculté de priver un imprimeur de son brevet, l'opinion publique en était venue, lorsque 1848 éclata, à considérer comme de nulle importance et valeur, comme tombée en désuétude, un article de loi que, par suite de cette disposition des esprits, la République elle-même oublia d'abroger. Ce fut un tort ; et si le mot ne devait sembler bizarre, nous dirions que, sur ce point, la République de 1848 s'est montrée beaucoup trop conservatrice.

Tirons de là une moralité, qui n'est point du tout spéciale à notre époque : elle est de tous les pays et de tous les temps.

Le sort des peuples est de passer par des phases diverses : libres aujourd'hui, ils peuvent retomber demain sous le joug. Si en sortir est leur espérance, y rentrer doit être leur leçon. Le moins que la prudence exige des libéraux quand ils sont au pouvoir, c'est qu'ils abolissent soigneusement, dans la législation existante, tout ce qui favorise l'absolutisme, tout ce qui conduit à l'arbitraire ; c'est qu'ils prennent leurs précautions de manière à obliger leurs successeurs à faire des lois nouvelles, aussi souvent que les circonstances redeviendront contraires à la liberté. Trouver ces lois toutes faites est trop commode. Ne laissons jamais à personne de ces facilités-là.

Chère à tous les peuples, la liberté l'est surtout à ceux qui ont joui d'elle, ne l'eussent-ils connue qu'imparfaitement. Si nos erreurs et nos fautes nous ont exposés à la perdre, il faut que le châtiment

nous corrige : ramenés un jour aux carrières, faisons
ce qu'il faut pour mériter d'en revenir, et que chacun de nous s'efforce d'en rapporter au moins une des
pierres qui, à notre édifice libéral, donnera le cou-
ronnement promis.

Paris. — Impr. de Dubuisson et Ce, rue Coq-Héron, 5.

IMPERIAL TIMBRE
IMPERIAL TIMBRE

9 782011 741271